Rola's Kitchen
54 Healthy and Stylish Recipes

M-ON! Entertainment

Welcome to My Kitchen!

この本を手に取ってくれてありがとう!!
私は子どものときから「食べること」が大好き。
だっておいしいものを食べる時間って、すごくハッピーでしょう?
お料理をちゃんとするようになったのは、
モデルのお仕事を始めて、ひとり暮らしをするようになってから。
それから自分で作るのがすっごく楽しくて、
お料理がどんどん好きになっちゃった。
この本には、おいしいだけじゃなくて健康も意識した自分の味が
いっぱいつまっているから、気に入ってもらえたら、
すっごくうれしいな。
「今日何食べようかな」って思ったときに、
この本をパラパラってめくってほしいの。
みんなのテーブルが、おいしい幸せで満たされますように。

Rola.

2 — Welcome to My Kitchen!
8 — This is My Style

Chapter 01
One-plate Breakfast Recipes

12 — 白身魚のハーブソルトとポーチドエッグのサラダ
13 — チアシード入りのデトックスウォーター
16 — ベイクドトマトと目玉焼きプレート
18 — ボイルドエッグと米粉パンのハニートースト
— アボカドスープ添えプレート

CONTENTS

Chapter 02
Main Dish

22 — 豆乳と米粉のほっこりシチュー
24 — 白身魚のモロッコ風タジン
26 — お魚とカリフラワーのキヌアラー油がけ
— 香ばし焼きなすのキヌアラー油がけ
30 — チキンとたっぷりきのこのトマト煮込み
32 — チキンとかぼちゃのクリーム煮込み
34 — はちみつガーリックローストチキン
— パクチーにんじんラペ
36 — 豚ばらとアスパラのおいしい炒め
38 — かぼちゃと豚肉のスパイシー炒め
40 — 私のシンプルアクアパッツァ
— ゴロゴロ野菜のハーブロースト
— パクチーソースのカルパッチョ
— ヤムヤムラムチョップステーキ
44 — キヌアグラタン
46 — カリカリキヌアのから揚げ
48 — とろりん卵のそば粉ガレット

Chapter 03
Rice & Noodles

54 — ちょっと辛めのグリーンカレー
56 — 私の絶品きのこオムライス
58 — ローラのダイエットパスタ2種
— しらすのジェノベーゼ・とろりん卵のカルボナーラ
60 — さっぱり梅しそのそば
62 — 私のくるみだれそば
63 — ネバネバネバそば

Chapter 04

Salad & Soup

66 — ローラのカラフルピクルス
　　　ミニトマトのバジルピクルス／にんじんの八角ピクルス／
　　　きゅうりとディルのピクルス
68 — たこの和風マリネ
69 — ローラのアボカドレシピ2種
　　　小さな卵と納豆ちゃん／アボカドのハニーチーズペッパー
70 — キャベツと豚のホットサラダ
　　— 焼きトマトと白菜のホットサラダ
72 — 芽キャベツのトリュフロースト
74 — パクチーフムスのバーニャカウダ
76 — ポタージュ2種
　　　スピナッチのミルクポタージュ／きのこのココナッツポタージュ
78 — はまぐりの豆乳チャウダー
79 — かつおだしの焼きトマトスープ
80 — ローラのスムージー
　　　ローラのグリーンスムージー／食べるベリーベリースムージー／
　　　きな粉とバナナのハーモニースムージー／
　　　桃とトマトのハーモニースムージー／真夜中のトマト豆腐スムージー

Chapter 05

Baking & Desserts

84 — 米粉パンのフレンチトースト
86 — グルテンフリーのバナナパンケーキ
88 — ピーナッツバターバナナトースト
90 — りんごのココナッツオイル焼き
92 — ドライフルーツのチョコレートがけ
　　— トリュフのポップコーン
94 — グルテンフリーのバナナクッキー
95 — 米粉のナッツビスコッティ
98 — ピーチとブルーベリーのヨーグルトアイスキューブ
100 — チアシードプディング

Column

10 — ローラのインスタグラム
20 — ローラのキヌアラー油
50 — 器、大好き
64 — 愛するお鍋とフライパン
82 — おいしくてキレイになれるもの

○ この本の計量の単位は、小さじ1＝5ml、大さじ1
　＝15ml、カップ1＝200mlです。
○ この本で使っているオリーブオイルは、すべてエ
　クストラバージンオリーブオイルです。
○ オーブンなどの加熱時間、加熱温度はあくまでも
　目安です。様子を見ながら調整してください。

This is My Style

お料理をするようになってから、食材についても興味がわいて、情報収集や勉強も始めたの。

好きなことだから、どんどんハマっちゃった(笑)。

お仕事で行ったロサンゼルスで、チアシードなどのスーパーフードや、

オーガニック食材と出会ったこともきっかけになって、

自分で作るならそういう食材も取り入れて、おいしくて体にいいものを食べよう! って思ったんだ。

でも難しいことはなし! たとえば、オリーブオイルやココナッツオイルなどの良質な油を使ったり、

なるべく添加物の入っていないシンプルな調味料を使うとか、そんなカンタンなこと。

それを意識しはじめたら肌あれもなくなって、すっごく調子がいいの。

スタイル維持にもつながっているんだと思う。

でもときどきは、甘〜いアイスクリームだって食べる(笑)。

ストイックにならないで、そのくらいがいいって思ってるの。

私がよく使っている、お気に入りの食材や調味料をたくさん紹介しているから、ぜひトライしてみてね。

あとね、料理って見た目も大切。

きれいだとおいしく感じるし、食べるのも楽しいから、器や盛りつけを考えるのも好き。

ファッションと一緒かな。

ラクチンなお洋服でも、小物をピリッと効かせるとすてきでしょう?

お料理の味だけでなく、見た目も参考にしてくれたらうれしいな。

Rola's Instagram
Photographs
ローラのインスタグラム

ブログやインスタグラムにアップしている写真を紹介するね。お料理写真をアップしたのは、「いつも作っているお料理を、ブログにのせてみようかな」っていう軽い気持ちから。でものせたら、みんなが「おいしそうだね」「いいね！」「これはどうやって作るの？」っていっぱいコメントしてくれたの。それがとってもうれしかったから、少しでもみんなの参考になればいいなって、お料理もがんばって、たくさんのせるようになったんだ。お魚だってさばけるよ。魚料理が大好きで釣りもするから、自分でできるようになりたくて、お魚屋さんに習いに行ったんだけど、お店の人は「ローラちゃんが来た！」って驚いてた(笑)。ここにある写真は、私がいつも作る朝食やスムージーとか、大好きなものばっかりなの。この本でも、これからたくさん紹介するよ。

Chapter 01

One-plate Breakfast Recipes

ゆっくり起きた週末の朝にもどうぞ

White Fish Seasoned with Herb Salt Plate

白身魚のハーブソルトとポーチドエッグのサラダ

〈白身魚のハーブソルト〉

めかじき(切り身)　小4切れ

A ┬ 薄力粉　少々
　├ 塩、こしょう　各少々
　└ タイム(フレッシュ)
　　　1本(乾燥タイム少々でもよい)

オリーブオイル　大さじ1

〈ポーチドエッグのサラダ〉

ベビーリーフ　1/2袋

オクラ　3本

ミニトマト　4個

卵　2個

B ┬ 白ワインビネガー　小さじ2
　└ オリーブオイル　大さじ2弱

塩、粗びき黒こしょう　各少々

酵素玄米ご飯　茶碗2杯分

1. めかじきは水分を拭き取り、両面に**A**の塩、こしょうをして、薄力粉をうすくはたき、タイムの葉をまぶす。オリーブオイルを熱したフライパンで両面を焼く。

2. オクラは塩ゆでし、へたを取って縦半分に切る。トマトも縦4等分に切る。

3. ポーチドエッグを作る。小鍋に湯を沸かし、酢少々(分量外)を加える。卵は小さなボウルにひとつずつ割って、静かに熱湯に落とす{写真}。白身をまとめ、中火で3〜4分煮る。

4. 器にベビーリーフと2をのせる。泡立て器でよく混ぜた**B**をかけてポーチドエッグをのせ、塩、黒こしょうをふる。めかじきと酵素玄米ご飯も盛りつける。

——— 2人分

酵素玄米って?

玄米をあずきや酵素とともに炊飯器で炊き、保温モードで数日間熟成させたもの。熟成させることで水分が玄米に行き渡り、モチモチとした食感に。炊きたてもおいしいが、日ごとにモチモチ感や甘みが増す。食物繊維が豊富で、便秘解消やデトックス効果が。腹持ちがよく、少ない量で満足感が得られるため、ダイエットにも役立つと言われている。ジャーに入れるだけの組み合わせキットもあり。

POINT

ポーチドエッグは湯をはしでかき混ぜ、水流を作るのがポイント。水流の中心に静かに卵を落とすと、白身がまとまりやすくなる。

甘みが欲しかったらはちみつを入れても

Water with Chia Seeds

チアシード入りのデトックスウォーター

レモン　1/2個
グレープフルーツ　1個
チアシード　大さじ2
水　800ml

○ レモンは皮つきのまま使用するので、
　オーガニックのものを選んで。

1. レモンは1cm厚さに切り、グレープフルーツは1ピースずつ薄皮もむく。

2. ジャーに1とチアシードを入れて水を注ぐ。

——— 2人分

チアシード

しそ科の植物の種。オメガ3脂肪酸の含有率が高く、食物繊維やビタミン、ミネラルが豊富なスーパーフード。水に入れると10倍に膨らみ、プルッ&プチッとした食感になる。水やジュース、ヨーグルトなどに混ぜても。

焼いて甘みを増すトマトが主役

Baked Tomatoes and Fried Egg Plate

ベイクドトマトと目玉焼きプレート

トマト 1個
ズッキーニ 1本
卵 2個
米粉パン 2枚
ココナッツオイル 大さじ2＋少々
塩、こしょう 各少々

1. トマトとズッキーニは1cm厚さの輪切りにする。米粉パンは9等分の角切りに。

2. フライパンにココナッツオイル大さじ2を熱し、米粉パンを両面焼き、食べやすい大きさに切って器に盛る。

3. 2のフライパンにココナッツオイルを少々足し、トマトとズッキーニを入れて焼く。卵も割り入れて、好みのかたさに焼き、それぞれに塩、こしょうをふって調味する。

——— 2人分

米粉パン

グルテンを含む小麦粉成分を使用せず、米粉で作ったパンのこと。米の甘みが感じられ、きめ細かくしっとりモチッとした食感が特徴。トーストすると、モチモチ度がアップして美味。

Chapter 01 | One-plate Breakfast Recipes

パンをスープにつけながら食べてみて

Boiled Eggs and Rice Flour Honey Toast Plate with Avocado Soup

ボイルドエッグと米粉パンのハニートースト
アボカドスープ添えプレート

〈アボカドスープ〉

アボカド　1個
玉ねぎ　1/2個
豆乳　240ml
ココナッツオイル　大さじ1
粗びき黒こしょう　少々
塩　小さじ1/2

〈ボイルドエッグ〉

卵　2個
ソイマヨネーズ（マヨネーズでもよい）　少々
パプリカパウダー　少々

〈米粉パンのハニートースト〉

米粉パン　2枚
はちみつ　大さじ2

1. アボカドスープの玉ねぎはみじん切りにする。鍋にココナッツオイルを熱し、玉ねぎを透きとおるまで炒める。

2. 1とアボカド、豆乳を合わせ、ミキサーやハンドブレンダーなどでなめらかにし、塩で味を調える。

3. 2を器に盛って、黒こしょうをふる。

4. 小鍋に水と卵を入れて火にかけ、沸騰するまでさいばしでクルクルと混ぜる。6分〜6分半加熱して、流水ですぐに冷まし、殻をむく。半分に切ってソイマヨネーズとパプリカパウダーをかける。

5. 米粉パンを両面焼き、食べやすく切って器に盛り、はちみつをかける。
   ○ アボカドスープはあたためてもおいしい。
   　豆乳が分離するので煮立たせないよう、注意して。

——— 2人分

Rola's Quinoa Chili Oil

ローラのキヌアラー油

キヌア　大さじ2
玉ねぎ　大1個
にんにく　1かけ
しょうが　8g
一味唐辛子　大さじ1
しょうゆ　大さじ1
ごま油　200mℓ

1. キヌアはフライパンをゆすりながら、きつね色になるまで弱めの中火で4〜5分炒る（焦げやすいので注意）。

2. 玉ねぎ、にんにく、しょうがはみじん切りにする。

3. 小鍋にごま油と2を入れ、弱火にかける。焦がさないよう加熱し、玉ねぎがきつね色になったらキヌアと一味唐辛子を加える（刺激が強いので、湯気を吸い込まないように）。

4. 3の粗熱がとれたらしょうゆを加えて調味する。煮沸消毒したびんに入れて、冷蔵庫で1週間ほど保存可能。

—— 2人分

キヌアはフライパンで炒ると、
カリカリしてすっごく香ばしいから、
食べるラー油に入れてみたの。
ご飯やゆで野菜、お豆腐にかけてもおいしいよ♪
ローラのいちおしなの!!

キヌア

南米原産の雑穀。たんぱく質や鉄分やカルシウムなどのミネラル成分が豊富で、糖分が少なく低カロリー。炒るとカリカリ、ゆでるとプチプチ食感に。サラダやご飯、スープに混ぜるなどして。

Chapter 02

Main Dish

米粉でやさしいとろみをつけて
Soy Milk and Rice Flour Stew
豆乳と米粉のほっこりシチュー

さけ（切り身）　2切れ
玉ねぎ　1/2個
さつま芋　1/2本
にんじん　1本
豆乳　400mℓ
米粉　大さじ1強
ギー（下記参照。オリーブオイルでもよい）
　大さじ1
塩、こしょう　各少々
粗びき黒こしょう　少々

1. さけは1切れを4等分にして、塩、こしょうをふる。
2. 玉ねぎはうす切りにし、さつま芋とにんじんは乱切りにする。
3. 鍋にギーを入れて熱し、2を加えて炒める。玉ねぎがしんなりしたら、1を加えて焼きつける。
4. 3に米粉を茶こしなどでふるい入れ、全体をざっと炒める。豆乳を加えて弱火で沸騰させないよう煮て、さつま芋とにんじんがやわらかくなったら、塩、こしょうで調味する。器に盛って黒こしょうをふる。

——— 2人分

Rola's Memo
ギー、大好き！　甘い香りがして、
どんなお料理もおいしくなっちゃう魔法のオイルだよ♪
バターと同じように使うの

ギーの作り方

バター（食塩不使用）200gを1cm角に切って小鍋に入れ、焦がさないように弱火で15〜20分加熱。キッチンペーパーで上澄みだけをこし、煮沸消毒した清潔なびんに移し、粗熱がとれたら冷暗所で保存する。

ギー

バターから水分やたんぱく質、不純物をのぞいた乳脂肪。カレーなどのインド料理に多用されるほか、アーユルヴェーダではマッサージなどに使用することも。体をあたためる動きも。

クミンとパクチーの風味、レモンの酸味
Moroccan Tajine with White Fish

白身魚のモロッコ風タジン

たら(切り身)　2切れ
じゃが芋　小5個
トマト　2個
いんげん　8本
レモン　1個
にんにく　2かけ
クミンシード　大さじ1
赤唐辛子　1本
パクチー　2株
オリーブオイル　大さじ2
塩　小さじ1/2
こしょう　少々
○ レモンは皮つきのまま使用するので、オーガニックのものを選んで。

1. じゃが芋とトマトはひと口大に、いんげんは食べやすい長さに切る。レモンはくし形切りにし、にんにくは包丁の背で押しつぶし、芽をのぞく。

2. タジン鍋ににんにくとクミンシード、きざんだパクチーの根とオリーブオイルを入れて弱火にかける。

3. にんにくが色づいて香りが立ったら、じゃが芋とトマトを加えて混ぜ、平たくならしてたらをのせる。いんげん、粗くちぎった赤唐辛子、レモン1/2個分を散らして塩、こしょうをふる。

4. 3にふたをしてごく弱火で20〜30分加熱して火を通す。食べるときに残りのレモンをしぼって、好みできざんだパクチーを散らす。

——— 2人分

淡白な白の食材に、カリカリッとキヌア
Fish and Cauliflower in Quinoa Chili Oil

お魚とカリフラワーのキヌアラー油がけ

たら（切り身）　2切れ
カリフラワー　大1/2株
アスパラガス　6本
白ワイン　大さじ4
キヌアラー油（P20参照）　適量
ココナッツオイル　小さじ1
塩、こしょう　各少々

1. たらとカリフラワーはひと口大に切る。アスパラガスは下半分のかたい皮をピーラーでむき、5cm長さに切る。

2. フライパンにココナッツオイルを熱し、1を入れる。白ワインをまわしかけ、ふたをして弱火で15分ほど蒸す。

3. 2を器に盛り、塩、こしょうをふって、キヌアラー油をかける。

——— 2人分

なすがたくさん食べられちゃう
Baked Eggplant in Quinoa Chili Oil

香ばし焼きなすのキヌアラー油がけ

なす　2本
しょうゆ　小さじ2
ごま油　大さじ1
キヌアラー油（P20参照）　適量

1. なすはへたを落として縦に四つ割りにし、ごま油を熱したフライパンで焼く。

2. 香ばしく焼けたら、器に盛ってしょうゆをかけ、キヌアラー油を添える。

——— 2人分

Chapter 02 | Main Dish

相性のいい食材を合わせたまちがいないおいしさ！

Chicken and a Good Portion of Mushrooms Stewed in Tomato Sauce

チキンとたっぷりきのこのトマト煮込み

鶏もも肉　240g
玉ねぎ　中1個
きのこ（まいたけ、しめじ、マッシュルームなど）　合わせて120g
トマトの水煮缶（ホールタイプ）　1缶（400g）
しょうが　うす切り2枚
にんにく　1かけ
ギー（P23参照。ココナッツオイルでも）　大さじ1
塩、こしょう　各少々
イタリアンパセリ　適宜

1. 鶏肉はひと口大に切り、玉ねぎはうす切りにする。まいたけとしめじは根元を切ってほぐし、マッシュルームは縦半分に切る。にんにくはみじん切りにする。

2. 鍋にしょうがとにんにく、ギーを入れて弱火で熱し、香りが立ったら鶏肉を皮目から入れて焼きつける。焼き色がついたら玉ねぎときのこを加えて炒める。

3. 2にトマトの水煮缶を加えて軽くつぶし、10分ほど煮込む。塩、こしょうで味を調え、器に盛って、あればパセリを飾る。

――― 2人分

Rola's Memo
　　きのこはうまみが逃げちゃうから、水洗いしないでね♪

ローラ自慢のとっておきスペシャリテ！

Cream Stew of Chicken and Pumpkins

チキンとかぼちゃのクリーム煮込み

鶏もも肉　200g
かぼちゃ　260g
ブロッコリー　1/4株
玉ねぎ　1/2個
しょうが　15g
豆乳　60ml
ギー（P23参照。オリーブオイルでもよい）　大さじ3
塩、こしょう　各少々
水　80ml

1. 鶏肉とかぼちゃ、ブロッコリーはひと口大に切り、玉ねぎはうす切りにし、しょうがはすりおろす。

2. 鍋にギーを入れて中火で熱し、鶏肉を皮目から入れて焼きつける。焼き色がついたら玉ねぎを炒める。透きとおってきたらかぼちゃと水を加え、ふたをして煮る。

3. かぼちゃがやわらかくなったら、豆乳としょうが、ブロッコリーを加えて弱火で軽く煮て、塩、こしょうで調味する。

——— 2人分

Rola's Memo
　　たっぷりのギーがおいしさのヒミツだよ

Chapter 02 | Main Dish

はちみつで下味をつけて焼くだけでビストロの味に

Honey Garlic Roasted Chicken

はちみつガーリックローストチキン

鶏もも肉　2枚（360〜400g）
A ┬ はちみつ　大さじ2
　├ 赤ワイン　大さじ4
　└ にんにくのうす切り　2かけ分
じゃが芋　大1個
マッシュルーム　6個
塩、こしょう　各少々
黒こしょう　少々

1. 鶏肉は皮目全体にフォークで穴を開け、しっかりと塩、こしょうをして、ファスナーつきの保存袋に入れる。**A**も加えて鶏肉になじませるように軽くもみ、冷蔵庫でひと晩寝かせる。

2. 耐熱皿に**1**の鶏肉を皮目を上にして、汁ごと入れて並べる。4等分に切ったじゃが芋と、マッシュルームもすきまに並べ、180℃のオーブンで30分ほど焼く。

3. 鶏肉が香ばしく焼けたら、串を刺して焼き具合を確認し、肉汁が透明になれば完成。器に盛って黒こしょうをふる。

──── 2人分

さわやかなレモンの酸味を効かせて

Coriander with Carrot la Paix

パクチーにんじんラペ

にんじん　1本
パクチー　1/3株
A ┬ レモン汁　大さじ1/2
　└ ナンプラー　小さじ1
塩、こしょう　各少々

1. にんじんはスライサーなどでせん切りにする。パクチーは粗みじんに切る。

2. **A**をボウルに入れて混ぜ、**1**を加え、塩、こしょうで味を調える。

──── 2人分

ご飯が食べたくなるしょうゆベースのおかず

Fried Pork and Asparagus

豚ばらとアスパラのおいしい炒め

豚ばらうす切り肉　240g
アスパラガス　6本
しょうが　5g
にんにく　1かけ
みりん　大さじ2
しょうゆ　大さじ1強
水溶き片栗粉　小さじ1〜2
　（片栗粉小さじ1/2〜1を同量の水で溶いたもの）
ごま油　小さじ1
糸唐辛子　適宜

1. 豚肉は食べやすく切り、アスパラガスは下半分のかたい皮をピーラーでむき、4cm長さに切る。しょうがはせん切りにする。にんにくはみじん切りにする。

2. フライパンにごま油とにんにくを熱し、しょうがと豚肉、アスパラガスを炒める。

3. 豚肉がピンク色のうちにみりんを加え、さらにしょうゆを入れる。豚肉に火が通ったら弱火にし、水溶き片栗粉を加えてとろみをつける。器に盛り、あれば糸唐辛子をのせる。

——— 2人分

甘いかぼちゃに、ピリ辛のひき肉がからむ

Fried Spicy Pumpkin and Pork

かぼちゃと豚肉のスパイシー炒め

豚ひき肉　100〜120g
かぼちゃ　200g
パプリカ(赤)　1/2個
にんにく　2かけ
しょうが　親指大
ごま油　大さじ2
A ┌ コチュジャン　大さじ2
　├ しょうゆ　大さじ1
　└ みりん　大さじ2
水　大さじ2

1. かぼちゃはひと口大に切り、皮をところどころこそげ落とす。水とともに鍋に入れ、ふたをして弱火で10〜15分蒸し焼きにする。

2. パプリカ、にんにく、しょうがはみじん切りにする。

3. フライパンにごま油、にんにく、しょうがを入れて弱火で熱する。香りが立ったら、パプリカと豚ひき肉を入れてよく炒める。

4. ひき肉の色が変わったらAを加えて調味し、1のかぼちゃを入れてサッと炒めて味をなじませる。

——— 2人分

お魚にココナッツオイルを合わせるのがローラ流

My Simple Acqua pazza

私のシンプルアクアパッツァ

白身魚（いとよりだい、いしもち、たい、
　すずきなど好みのもの）　1尾
あさり　200g
ミニトマト　10個
にんにく　1かけ
しょうが　5g
イタリアンパセリ　少々
白ワイン　80ml
ココナッツオイル　大さじ2
塩　小さじ1
こしょう　少々
○塩の分量は魚の大きさにより調整して。

1. 白身魚はうろことわたを取りのぞき（店で下ごしらえをしてもらうのがおすすめ）、キッチンペーパーで水けを拭き、軽く塩、こしょうをする。あさりは濃い目の塩水（分量外）につけて砂抜きをする。しっかりこすり洗いをして水けをきる。にんにくとしょうがはうす切りにする。

2. 大きめのフライパンにココナッツオイル、にんにく、しょうがを入れて弱火で熱し、香りが立ったら白身魚を入れる。あさりとへたを取ったトマトも加え白ワインを注ぐ。

3. 2に塩、こしょうをして、ふたをして中火で10分ほど加熱する。魚に火が通ったら器に移し、きざんだパセリを散らす。

—— 3〜4人分

フレッシュハーブで作ってみて。香りが違うから

Herb Roasted Vegetables

ゴロゴロ野菜のハーブロースト

玉ねぎ　1個
ズッキーニ　1本
かぼちゃ　150g
にんにく　1玉
タイム（フレッシュ）　2枝
ローズマリー（フレッシュ）　2枝
くるみ　10粒
オリーブオイル　適量
塩、こしょう　各少々

1. 玉ねぎは汚れた外皮だけはずし、皮つきのまま縦四つ割りに切る。ズッキーニは縦半分に、かぼちゃは2cm厚さのくし形切りにする。にんにくは皮つきのまま横半分に切る。

2. 耐熱皿に1の野菜を並べて塩、こしょうをふり、くるみを散らし、タイムとローズマリーを枝ごとのせる。オリーブオイルを全体にたっぷりかけ、180℃に熱したオーブンで20〜30分焼く。

—— 3〜4人分

パクチー×ケイパーのソースが自信作

Carpaccio in Coriander Sauce

パクチーソースのカルパッチョ

たい（刺身用）　1さく

〈パクチーソース〉
パクチー　2株
ケイパー　小さじ1
A ┬ レモン汁　1/3個分
　├ ナンプラー　小さじ3
　└ オリーブオイル　大さじ3

塩、こしょう　各少々
ベビーリーフ　適宜

1. パクチーとケイパーはみじん切りにし、Aとともに混ぜておく。

2. たいはそぎ切りにして、器に並べて塩、こしょうをふる。1をかけて、好みでベビーリーフを添える。

——— 3〜4人分

はちみつを入れた甘いたれに漬け込んで焼くだけ

Juicy Lamb Chop Steak

ヤムヤムラムチョップステーキ

ラム骨つき肉　6本
A ┬ ローズマリー　1本
　├ はちみつ　大さじ1
　├ しょうゆ　大さじ2
　└ バルサミコ酢　大さじ2
オリーブオイル　大さじ1
塩、こしょう　各少々

1. ラム肉には軽く塩、こしょうをふる。

2. Aをファスナーつきの保存袋に入れ、1を入れて軽くもみ込み、1〜2時間漬け込んでおく（ひと晩漬け込むと味がなじんでよりおいしくなる）。

3. フライパンにオリーブオイルを熱し、汁けをきった2を焼く。中火で焼き、両面焼いたら弱火にして、好みの焼き加減まで火を通す。塩、こしょうで味を調える。

——— 3〜4人分

ゆでたキヌアはプチプチ食感。豆乳のソースで

Quinoa Gratin

キヌアグラタン

スライスベーコン（あればオーガニックベーコン）　20g
マッシュルーム　8個
玉ねぎ　1/4個
キヌア　カップ1弱
豆乳　200ml
米粉　小さじ4
ピザ用チーズ（あればオーガニックチーズがよい）　60g
ギー（P23参照。ココナッツオイルでもよい）　大さじ1
塩、こしょう　各少々

1. ベーコンは1cm幅に、マッシュルームは縦半分に切る。玉ねぎはみじん切りにする。

2. キヌアは水洗いし、たっぷりの熱湯に入れ、弱火で15分ほどゆでる。

3. フライパンにギーを入れて熱し、1を加えて炒める。玉ねぎがしんなりしたら、米粉を入れてサッと炒め、豆乳を加える。木べらで混ぜながら、弱火でとろみがつくまで煮て、キヌアを加え、塩、こしょうで味を調える。

4. 3を耐熱皿に入れてチーズを散らし、焼き色がつくまでオーブントースターで焼く。

――― 2人分

あられみたいなカリカリ感。見た目もかわいい！

Quinoa-Crusted Fried Chicken

カリカリキヌアのから揚げ

ささみ　4本
米粉　大さじ4
溶き卵　1個分
キヌア　適量
揚げ油　適量
レモン　1/2個
塩、こしょう　各小さじ1/2

1. ささみは厚みを半分に切って観音開きにし、長さを3等分に切って塩、こしょうをもみ込んでおく。

2. 1に米粉、溶き卵、キヌアの順に衣をつける。

3. 揚げ油を170℃に熱し、2を加えて1〜2分揚げる。いったん取り出して2〜3分置く。油の温度を180℃に上げて、こんがりと焼き色がつくまで2度揚げする{写真}。

4. 器に盛り、くし形に切ったレモンを添える。

——— 2人分

Chapter 02 | Main Dish

POINT
1度揚げて数分置くことで余熱で火が入り、中が生のままという失敗が防げる。また2度揚げするとカリッと香ばしく仕上がる。

休日のランチやおもてなしのときにも

Buckwheat Galette with Melting Egg

とろりん卵のそば粉ガレット

〈ガレット生地〉

A ┬ そば粉　60g
　├ 卵　1/2個
　└ 塩　ひとつまみ

豆乳　180mℓ

ギー（P23参照。オリーブオイルでもよい）
　　大さじ2
卵　2個
ほうれん草　1/4束
ハム　2枚
ピザ用チーズ（あればオーガニックチーズがよい。
　　グリュイエールチーズなどでも）　40g
粗びき黒こしょう　適量

1. ボウルにAを入れて混ぜ、冷やした豆乳を少しずつ加える。

2. ほうれん草はかために塩ゆでし、水けを絞って5cm長さに切る。ハムは食べやすい大きさに切る。

3. フライパンを熱し、かたく絞った濡れぶきんの上にのせ、ギーの半量を入れる。お玉1杯分の1の生地を流し入れ、うすく丸く広げる。

4. 3を中火にかけ、中央に半量に分けた2をハム、ほうれん草、チーズの順にのせ、真ん中に卵1個を割り入れる。ふたをして焼き、卵がかたまってきたら生地の四隅を折って【写真】器に移し、黒こしょうをふる。同様にもうひとつ作る。

——— 2人分

Rola's Memo
生地は冷蔵庫で1時間くらい寝かせると、よりなめらかになるよ

POINT
生地を流し込んだらすぐに具材をのせて。生地の四方を折りたたむので、具材は中央に置くと仕上がりがきれい。

Chapter 02 | Main Dish

My Favorite Tableware

器、大好き

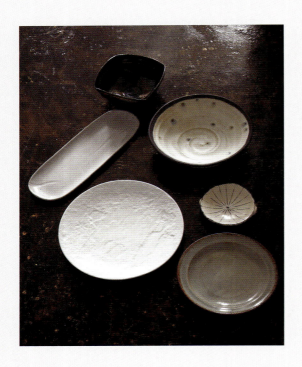

これはね、私が特に気に入っている私物の器たち。たとえば「今日はチキンが食べたいな」って思って、食材の買い物をするでしょ。家に帰ったらまず、お料理する前に器のコーディネートを考えるの。どの器を組み合わせて、盛りつけはどうしようかな？ って。お洋服のコーディネートと一緒だね。料理ってただ作るだけじゃなく、カンタンでいいから、ステキな見た目に仕上げたいなって思ってる。見た目がいいともっとおいしくなるし、食事が楽しくなると思うの。だから、器もカトラリーも大好き。お仕事の合間とか、海外に行ったときも、好きなものを見つけると、すぐ寄り道したくなっちゃう。器はシンプルすぎるものより、ちょっと味のあるものや、あたたかみのあるほうが好きなんだ。好きな器に出会うと「この器ならベビーリーフを敷いて、きのこたっぷりのサラダがいいな」とか、具体的なメニューを考えちゃう。盛りつけのイメージとか、どんどん想像がふくらんで楽しくなっちゃうの（笑）。

グレイッシュトーンの和のコーディネート

ぽってりとあたたかみのある質感の長皿をメインに、
グレイッシュなトーンでまとめたコーディネート。
「このお皿は"私のくるみだれそば"（P62で紹介）にも登場してるの。
ランチョンマットに置いた右上の器にはくるみだれを入れて、
小さな器には砕いたくるみを入れるのもいいな」................................ Rola

ネイビーのプレートと白のリネンでさわやかに

直径23cmほどの使いやすそうなネイビーのプレート。
白のリネンのクロスと合わせて、さわやかにコーディネート。
「たとえばキャベツとしらすのパスタとかを合わせるのもいいと思う。
このプレート、ちょっと深さがあるから、
スープやソースのあるお料理にも使えて便利なんだ」........................ Rola

Chapter 03

Rice & Noodles

野菜たっぷり。辛いけどクセになるおいしさ

Mildly Hot Green Curry

ちょっと辛めのグリーンカレー

鶏もも肉　200g
なす　小2本
パプリカ(赤)　小1/2個
グリーンカレーペースト　25〜30g
ココナッツミルク　200mℓ
パームシュガー(きび砂糖などでもよい)　小さじ1
バジルの葉(フレッシュ)　4〜5枚
ココナッツオイル　大さじ1
塩、こしょう　各少々
酵素玄米ご飯(P14参照)　茶碗2杯分

1. 鶏肉は大きめのひと口大に切る。なすはピーラーで縞状に皮をむいて、ひと口大の乱切りに、パプリカは縦2cm幅に切る。

2. 鍋にココナッツオイルを熱し、鶏肉を皮目から入れて焼きつける。焼き色がついたらなすも加えて炒める。

3. 2にココナッツミルクを注いで2〜3分煮て、鶏肉に火が通ったらカレーペーストを加えて煮溶かす。塩、こしょうで調味し、パームシュガーを加える(濃ければ水を注いで調整してもよい)。

4. 最後にパプリカを加えてサッと煮る。器に盛ってバジルの葉をのせ、酵素玄米ご飯を添える。

——— 2人分

パームシュガー

ヤシの樹液を煮つめて結晶化したもので、きび砂糖のようなコクがあり、やさしい甘みが特徴。未精製のため、ビタミンやミネラルが多い。血糖値が急激に上がりにくいので、ダイエットにも役立つと言われている。

Chapter 03 | Rice & Noodles

ギーで炒めたきのこライスが奥深い味

My Delicious Mushroom Omelet Rice

私の絶品きのこオムライス

マッシュルーム　10個
玉ねぎ　1/4個
卵　4個
豆乳　60ml
ギー（P23参照。オリーブオイルでもよい）
　大さじ3
玄米ご飯　茶碗2杯分
塩、こしょう　各適量
黒こしょう　少々
ベビーリーフ、トマト　各適量

1. マッシュルームは縦半分に切り、玉ねぎはうす切りにする。

2. ボウルに卵を溶きほぐし、豆乳を加え、塩、こしょうで調味する。

3. フライパンにギー大さじ1を入れて熱し、1を炒める。玄米ご飯も加えて炒め〔写真〕、塩、こしょう少々をふり、いったん取り出す。

4. フライパンを拭いてギー大さじ1を入れて熱し、2の卵液の半量を流し入れる。さいばしでグルグルッと全体を混ぜ、半熟のうちに卵の手前に3の半量をのせる。向こう側の卵を玄米ご飯にのせて包み、皿をかぶせてひっくり返す。同様にもうひとつ作る。

5. 器に盛り、ベビーリーフとトマトを添え、黒こしょうをふる。

――― 2人分

Chapter 03 | Rice & Noodles

POINT
ご飯を加えるのは、マッシュルームと玉ねぎを炒めてうまみを引き出してから。両方のおいしさを炒めながらご飯に吸わせて。

生パスタみたいにモチモチで低カロリー

Rola's Diet Pastas
Genovese & Carbonara

ローラのダイエットパスタ2種
しらすのジェノベーゼ & とろりん卵のカルボナーラ

〈しらすのジェノベーゼ〉

乾燥しらたき　2食分

A ┬ くるみ　6粒
　├ バジルの葉（フレッシュ）　30g
　├ にんにく　1かけ
　├ パルミジャーノレッジャーノ
　│　（粉チーズでもよい）　大さじ4
　└ オリーブオイル　60〜70ml

しらす　20g
赤唐辛子　1本
塩　少々

〈とろりん卵のカルボナーラ〉

乾燥しらたき　2食分
スライスベーコン
　（あればオーガニックベーコン）　60g
玉ねぎ　1/2個
にんにく　1かけ

A ┬ 豆乳　300ml
　├ チキンブイヨン　1個
　└ 米粉　大さじ2

卵黄　2個分
パルミジャーノレッジャーノ
　（粉チーズでもよい）　少々
ギー（P23参照。オリーブオイルでもよい）
　大さじ2
塩、粗びき黒こしょう　各少々

〈しらすのジェノベーゼ〉

1. Aを合わせ、ミキサーかハンドブレンダーなどでペースト状にして、ジェノベーゼソースを作る。

2. 乾燥しらたきはたっぷりの熱湯でゆでる。

3. ボウルに湯をきった2と1を入れてよく和え、塩で味を調える。

4. 3を器に盛ってしらすを散らし、きざんだ赤唐辛子をふる。

〈とろりん卵のカルボナーラ〉

1. 玉ねぎはうす切りに、ベーコンは細切りにする。にんにくは芽を取り、Aは混ぜ合わせておく。

2. フライパンににんにくとギーを入れて弱火で熱し、香りが立ったらにんにくを取り出す。玉ねぎとベーコンを加えて炒め、Aを加えて4〜5分煮る。

3. 乾燥しらたきはたっぷりの熱湯でゆでる。

4. 2にとろみがついたら、湯をきった3を加えてよく和え、塩で味を調える。器に盛り、卵黄をのせ、チーズと黒こしょうをふる。

——— 2人分

乾燥しらたきが入手できない場合に、生しらたきを一度冷凍すればOK。

乾燥しらたき

「ZENパスタ」として海外で人気のある乾燥しらたきは、生しらたきにはないモチモチとした食感が大きな魅力。低カロリーで食物繊維が豊富、腹持ちがいいなど、ダイエット中でもパスタが食べたいときにおすすめ。

食欲がないときにもあっさり食べられる
Soba with Umeshiso

さっぱり梅しそのそば

そば　2束
梅干し　大3個
青じそ　4枚
大根　160g
麺つゆ（ストレートタイプ）　200mℓ

1. 梅干しはたたいてペースト状にし、青じそはせん切りに〔写真〕、大根はすりおろす。

2. そばはゆでて冷水でしめ、水けをきる。

3. 2を器に盛って1をのせ、麺つゆを添える。

―――　2人分

POINT
青じそはクルクル丸めて端から切ると、切りやすくてより細いせん切りがカンタンにできる。

くるみと練りごまを合わせたコク深さ

Soba in Walnut Sauce

私のくるみだれそば

そば 2束
A ┌ くるみ 60g
  │ 白練りごま 100g
  └ 麺つゆ（3倍希釈タイプ） 50㎖
豆乳 180㎖
くるみ 適宜

1. くるみはフライパンで2〜3分炒る。二重にした保存袋に入れて、麺棒などで細かくなるまでたたく（ミキサーやすり鉢などですりつぶしてもよい）。

2. 1とAの他の材料を混ぜたら、豆乳を少しずつ加えてのばす。器に注いで、好みできざんだくるみを散らす。

3. そばをゆでて冷水でしめ、水けをきって器に盛り、2を添える。

——— 2人分

和食大好き！な、ローラの定番そば

Triple Gooey! Soba

ネバネバネバそば

そば　2束
オクラ　3本
みょうが　2本
納豆　1パック
キヌア　少々
めかぶ　1パック
かつお節　2g
卵黄　2個分
麺つゆ（ストレートタイプ）　300㎖
しょうゆ　小さじ1

1. オクラはサッと塩ゆでして、みょうがとともに輪切りにする。納豆はしょうゆを加えて混ぜる。

2. キヌアはフライパンをゆすりながら、きつね色になるまで弱めの中火で4〜5分炒る（焦げやすいので注意）。

3. そばはゆでて冷水でしめる。水けをきって器に盛り、麺つゆをかける。1とめかぶ、かつお節を盛り、卵黄をのせて2を散らす。

—— 2人分

Chapter 03 | Rice & Noodles

Pots & Pans

愛するお鍋とフライパン

お鍋やフライパンも大好きで、なにか新しいものはないかな？　って、
インターネットのショップはよくチェックしているの。
お仕事の合間に、お店にもよく行くよ。
行くとね、ずっといちゃうんだ、楽しいから（笑）。
私がいつも使っているお鍋たちを紹介するね。

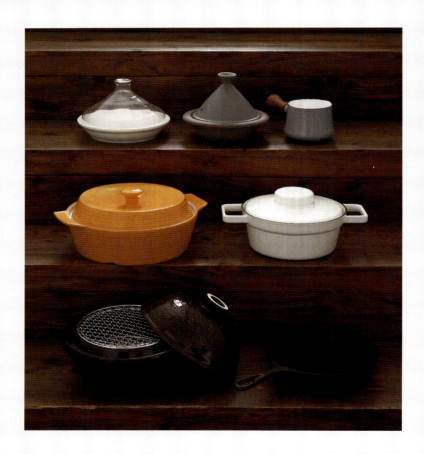

（上段・左）　ふたが透明なタジン鍋が欲しくて、ネットで探して買ったんだ。透明だと中身が見えるし、写真を撮るときもかわいいの。
（上段・中央）このタジン鍋は色がかわいくてお気に入り。直径18cmくらいと小さめだから、ひとり分を作るのにも便利だよ。
（上段・右）　水色のミルクパンは、豆乳をあたためたりするのによく使ってる！　小さなお鍋はあると便利だよ。
（中段・左）　黄色くてかわいいでしょ？　陶器製で、素材にじわじわやさしく火が通り、煮込み料理がおいしく仕上がるの。
（中段・右）　白いホウロウのお鍋は、シチューやスープを作るときに。
（下段・左）　これはね、燻製を作る土鍋だよ。コロンとした形が好きなの。網の下に桜とかのチップを入れて、スモークするんだって。これから試してみようと思ってるの。
（下段・右）　このフライパンは、"芽キャベツのトリュフロースト"（P72で紹介）で登場してるよ。直径21cmの小さめの鉄のフライパン。ひとり用にぴったりだから、友達が遊びに来たときに、これで朝食を作ってあげたりするの。

Chapter 04

Salad & Soup

同じピクルス液でスパイスを替えて作る
Rola's Colorful Pickles
Tomatoes & Carrots & Cucumber

ローラのカラフルピクルス

ミニトマトのバジルピクルス & にんじんの八角ピクルス & きゅうりとディルのピクルス

〈ピクルス液〉

酢　200㎖

水　240㎖

はちみつ　大さじ5

〈ミニトマトのバジルピクルス〉

ミニトマト　10個

バジル（フレッシュ）　2本

ピクルス液　全量

〈にんじんの八角ピクルス〉

にんじん　2本

八角　2個

ピクルス液　全量

〈きゅうりとディルのピクルス〉

きゅうり　3本

ディル（フレッシュ）　3本

粒黒こしょう　適量

ピクルス液　全量

〈ピクルス液〉

酢と水を鍋に入れ、ひと煮立ちさせる。粗熱がとれたらはちみつを加える。

〈ミニトマトのバジルピクルス〉

1. トマトはへたを取り、つまようじでところどころに穴を開ける。バジルは葉をちぎる。

2. 1を煮沸消毒したびんに詰め、ピクルス液を注ぎ、30分〜1時間漬ける。冷蔵庫で2〜3日保存可能。

〈にんじんの八角ピクルス〉

1. にんじんは4〜5mm角のスティック状（長さは詰めるびんの長さに合わせる）に切り、八角とともに煮沸消毒したびんに詰める。

2. ピクルス液を注ぎ、30分〜1時間漬ける。冷蔵庫で1週間ほど保存可能。

〈きゅうりとディルのピクルス〉

1. きゅうりは1cm角のスティック状（長さは詰めるびんの長さに合わせる）に切る。ディルは適当にちぎり、黒こしょう、きゅうりとともに煮沸消毒したびんに詰める。

2. ピクルス液を注ぎ、30分〜1時間漬ける。冷蔵庫で1週間ほど保存可能。

——— 作りやすい分量

わさびじょうゆに青じそを効かせたたれで
Marinated Octopus in Japanese-style

たこの和風マリネ

ゆでだこ　100g
ミニトマト　5個
青じそ　2枚
わさび　小さじ1
しょうゆ　小さじ3

1. たこは大きさを揃えてぶつ切りにする。青じそはせん切りに、トマトは縦4等分に切る。

2. しょうゆにわさびを溶き、ボウルに1とともに入れ、よく和える。

—— 2人分

アボカド革命！　パンにのせてもおいしい

Rola's Two Avocado Recipes
Quail's Egg and Natto & Honey Cheese Pepper

ローラのアボカドレシピ2種

小さな卵と納豆ちゃん & アボカドのハニーチーズペッパー

Chapter 04 | Salad & Soup

〈小さな卵と納豆ちゃん〉

アボカド　1個

納豆　1パック

うずらの卵の卵黄　2個分

しょうゆ　小さじ2

一味唐辛子　少々

〈アボカドのハニーチーズペッパー〉

アボカド　1個

クリームチーズ　20g

はちみつ　小さじ2

粗びき黒こしょう　少々

1. アボカドは縦半分に切り、種を取った穴の部分にしょうゆで調味した納豆を詰める。卵黄をのせ、一味唐辛子をかける。

2. ハニーチーズペッパーを作る。クリームチーズはやわらかくなるまで練り、1と同様に切ったアボカドに詰めて、はちみつをかけ、黒こしょうをふる。

―― 2人分

ゆでたキャベツと豚肉に、炒ったキヌアのアクセント

Hot Salad with Cabbages and Pork

キャベツと豚のホットサラダ

キャベツ　140g
豚ばらうす切り肉　200g
キヌア　小さじ1
A ┌ 赤唐辛子の輪切り　小さじ1
　├ ごま油　大さじ2
　└ 塩　小さじ1
こしょう　少々

1. キャベツは4cm角に切り、サッとゆでて水けをきる。豚肉も食べやすく切って熱湯でゆで、水けをしっかりきる。

2. キヌアはフライパンをゆすりながら、きつね色になるまで弱めの中火で4〜5分炒る(焦げやすいので注意)。

3. 1を器に盛り、混ぜ合わせた**A**をまわしかけて、2を散らし、こしょうをふる。

―― 2人分

生の白菜にじゃこ入りの熱々のごま油をかけて

Hot Salad with Grilled Tomatoes and Chinese Cabbages

焼きトマトと白菜のホットサラダ

白菜　1/8株
トマト　1個
ちりめんじゃこ　20g
ごま油　大さじ2
しょうゆ　大さじ3
塩、こしょう　各少々

1. 白菜は細切りにする。トマトはひと口大に切り、フライパンでサッと焼いて軽く塩、こしょうをふる。

2. 器に白菜を盛り、トマトをのせる。

3. 1のフライパンをサッと拭き、ごま油を熱してちりめんじゃこを炒める。香りが立ったら、しょうゆを加えて調味して、熱い油ごと2にまわしかける。

―― 2人分

見た目もかわいい！ 焼きたてをテーブルにどうぞ

Roasted Brussels Sprouts with Truffle Oil

芽キャベツのトリュフロースト

芽キャベツ　20〜22個
A	［トリュフペースト（市販品）　大さじ3
	　オリーブオイル　大さじ3
塩、こしょう　各少々

1. 芽キャベツは芯の根元をうすく切り落とし、変色した葉は取りのぞく。

2. Aを混ぜて芽キャベツにまぶし、耐熱皿に並べる。180℃に熱したオーブンに入れて20〜30分焼く。最後に軽く塩、こしょうをふる。

—— 2人分

トリュフペースト

トリュフをきざんだものやペースト状にしたものなど、さまざまな種類がある。野菜やパスタ、肉料理などシンプルな料理に少量加えるだけで、トリュフの香りをまとってぜいたくな一品に。

ひよこ豆がベースのフムスに野菜をディップ

Bagna Càuda of Coriander Hummus

パクチーフムスのバーニャカウダ

ひよこ豆（ゆでたもの）　100g
A ┃ 豆乳　大さじ2〜3
　 ┃ 白練りごま　大さじ1
　 ┃ レモン汁　小さじ2
　 ┃ パプリカパウダー　少々
　 ┃ オリーブオイル　大さじ1
パクチー　1株
ナンプラー　小さじ1/2
塩　ひとつまみ
粗びき黒こしょう　少々
チコリ、オクラ、ラディッシュ、トレビス、いんげんなど好みの野菜　適量

1. ひよこ豆はよく洗ってから水けをきり、Aの材料と合わせてミキサーかハンドブレンダーなどでペースト状にする（すり鉢ですってもよい）。

2. パクチーは細かくきざみ、1に混ぜてナンプラーと塩で調味する。小さな器に盛りつけ、黒こしょうをふる。

3. 野菜はそれぞれ食べやすく切り、オクラやいんげんはサッと塩ゆでする。器に盛りつけて、2を添える。

——— 2人分

野菜を豆乳でのばしたやさしいおいしさ
Two Potages
Spinach Milk & Coconut with Mushrooms

ポタージュ2種
スピナッチのミルクポタージュ & きのこのココナッツポタージュ

〈スピナッチのミルクポタージュ〉

ほうれん草　1/2株
玉ねぎ　1/4個
豆乳　300mℓ
白すりごま　少々
ココナッツオイル　大さじ2
塩、こしょう　各少々

〈きのこのココナッツポタージュ〉

マッシュルーム、まいたけなど
　　好みのきのこ　合わせて160g
玉ねぎ　1/4個
豆乳　300mℓ
ココナッツオイル　大さじ2
塩、こしょう　各少々
粗びき黒こしょう　少々

〈スピナッチのミルクポタージュ〉

1. ほうれん草は塩ゆでして水けを絞り、粗みじんに切る。豆乳の半量と合わせ、ほうれん草が細かくなるまでミキサーかハンドブレンダーなどにかける。

2. 玉ねぎはみじん切りにする。鍋にココナッツオイルを熱して玉ねぎを入れ、しんなりするまで炒める。

3. 2に1を加え、残りの豆乳も入れてあたため、塩、こしょうで調味する。器に注ぎ、すりごまを散らす。

〈きのこのココナッツポタージュ〉

1. 玉ねぎはみじん切りにする。鍋にココナッツオイルを熱して玉ねぎを入れ、しんなりするまで炒める。

2. 1に粗くきざんだマッシュルームとほぐしたまいたけを入れ、さらに炒める。豆乳の半量を注ぎ、ミキサーかハンドブレンダーなどにかけて細かくする。

3. 2と残りの豆乳を合わせて、鍋であたため、塩、こしょうで調味する。器に注ぎ、黒こしょうをふる。

——— 2人分

はまぐりのだし＋みそがかくし味のスープ
Soy Milk Clam Chowder
はまぐりの豆乳チャウダー

はまぐり　4個
あさり　8個
玉ねぎ　1/4個
にんじん　1/4本
酒　大さじ4
豆乳　200㎖
みそ　小さじ1
水溶き片栗粉　小さじ2強
　（片栗粉小さじ1を同量の水で溶いたもの）
ココナッツオイル　大さじ1
塩、こしょう　各少々

1. はまぐりとあさりは濃い目の塩水（分量外）につけて砂抜きをする。しっかりこすり洗いをして水けをきる。玉ねぎとにんじんはみじん切りにする。

2. 鍋にココナッツオイルを熱して1の玉ねぎとにんじんを炒める。しんなりしたら貝を加えて酒をふり、ふたをして貝の口が開くまで蒸し焼きにする。

3. 2に豆乳を加えてあたため（煮立たせないよう注意）、みそ、塩、こしょうを加えて調味する。弱火にし、水溶き片栗粉を加えてとろみをつける。

—— 2人分

シンプルな極上スープ。澄んだうまみを味わって

Tomato Soup based on Katsuodashi

かつおだしの焼きトマトスープ

Chapter 04 | Salad & Soup

トマト　1個
かつおのだし汁　300ml
しょうゆ　大さじ1
ブロッコリースプラウト　少々

1. トマトは横半分に切る。切り口を下にしてフライパンに入れ、とろっとするまで焼いてひと口大に切る。

2. 鍋にかつおのだし汁をあたため、1を加える。しょうゆで調味して器に盛り、ブロッコリースプラウトを散らす。

—— 2人分

Rola's Smoothie
ローラのスムージー

朝はスムージーからスタートするよ。特にお気に入りはこの5つ。
「真夜中のトマト豆腐スムージー」は夜お腹がすいたときにもおすすめだよ。
—— 分量はすべて2杯分

Green Smoothie
ローラのグリーンスムージー

ほうれん草 1/2株　　　ラ・フランス 1個
チンゲン菜 1/4株　　　レモン汁 小さじ1
りんご 1/2個　　　　　水 240mℓ

1. ほうれん草とチンゲン菜はサッと塩ゆでして水けを絞り、ざく切りにする。

2. りんごとラ・フランスは皮をむかずに、芯をのぞいてひと口大に切る。

3. 1と2と水を合わせて、ミキサーかハンドブレンダーなどにかける。

Berry and Berry
食べるベリーベリースムージー

A［いちご 6個
　 ブルーベリー（冷凍でもよい） 30g］

B［プレーンヨーグルト 400g
　 はちみつ 大さじ4］

いちご、ブルーベリー 各適宜

1. Bはよく混ぜる。

2. Aと半量の1を合わせ、ミキサーかハンドブレンダーなどにかける。

3. グラスに残りの1を注ぎ、その上に2を加える。あればいちごとブルーベリーを飾る。

Soybean Flour and Banana
きな粉とバナナのハーモニースムージー

バナナ 1本　　　　　　　きな粉 大さじ2
豆乳 250㎖　　　　　　　くるみ 2個

1. バナナはひと口大に切り、豆乳、きな粉とともにミキサーかハンドブレンダーなどにかける。

2. 1をグラスに注ぎ、砕いたくるみを散らす。

Peach and Tomato
桃とトマトのハーモニースムージー

桃 2個　　　　　　　　　バナナ 1本
トマト 1個　　　　　　　ココナッツウォーター 200㎖

1. 桃は皮をむき、バナナ、トマトとともにひと口大に切る。

2. 1とココナッツウォーターを合わせ、ミキサーかハンドブレンダーなどにかける。

Tomato and Tofu
真夜中のトマト豆腐スムージー

トマト 2個　　　　　　　オリーブオイル 適量
絹ごし豆腐 80g　　　　　塩 少々
バジルの葉（フレッシュ） 4枚くらい

1. トマトはひと口大に切り、ざっくりほぐした豆腐とともに、ミキサーかハンドブレンダーなどにかける。

2. 1に塩を加えて味を調え、器に注いでバジルを飾り、オリーブオイルをたっぷりたらす。

I Love
Healthy Foods
おいしくてキレイになれるもの

食生活アドバイザーの資格を取ったり、アーユルヴェーダについて学んだり、ロサンゼルスでオーガニック食材に出会ったり、食べることについてはいろいろ勉強したんだ。そして知れば知るほど使う食材にも興味がわいて、おいしくて体にいいものを摂りたいなって思うようになったの。でもそれはちょっとしたことで、特別なことじゃないよ。たとえば油は、体にいいって言われているオリーブオイルやココナッツオイルやギーにしたり、料理に使う甘みはできるだけパームシュガーやはちみつを選んだり、なるべくグルテンフリーを心がけたり……。

キヌアも宇宙食に使われるほど栄養価が高いって聞いて、すぐ取り寄せてサラダに使ってみたの。写真のお水は、私がいつも持ち歩いているチアシード入りのミネラルウォーター。500mlのお水にチアシードを大さじ1杯くらい入れるだけ。カンタンでしょ？ 気になった食材はちゃんと調べて、いいなと思ったものはお料理にも取り入れるようにしているの。すぐに行動に移すのが好き！

Chapter 05

Baking & Desserts

バニラが香る卵たっぷり。ふわ！ モチ！ 食感

French Toast of Rice Bread

米粉パンのフレンチトースト

米粉パン　2枚
A ┌ 卵　2個
　├ 豆乳　120㎖
　└ 砂糖　20g
ブランデー　小さじ1
バニラオイル（バニラエッセンス少々でもよい）　10滴
メープルシロップ　適量
ギー（P23参照。ココナッツオイルでもよい）　大さじ1強

1. Aを合わせ、ブランデーとバニラオイルも加え、米粉パンを浸してなじませる。

2. フライパンにギーを入れて熱し、1を入れて両面焼く。器に盛り、メープルシロップをかける。

――― 2人分

Rola's Memo
　　米粉パンを卵に浸してひと晩寝かせると、さらにおいしくなるの

Chapter 05 | Baking & Desserts

生地はお豆腐入り。ほんのり甘い大人パンケーキ

Gluten-free Banana Pancakes

グルテンフリーのバナナパンケーキ

A
- 米粉　100g
- ベーキングパウダー　小さじ1
- 砂糖　大さじ3

B
- 絹ごし豆腐　100g
- 卵　1個
- 豆乳　100ml
- ココナッツオイル　大さじ1

バナナ　2本
メープルシロップ　大さじ4
くるみ　6個
ギー（P23参照。ココナッツオイルでもよい）
　少々

1. ボウルにAを入れて混ぜる。

2. Bを合わせ、ミキサーかハンドブレンダーなどにかけ、1を加えて混ぜる。

3. フライパンを熱し、かたく絞った濡れぶきんの上にのせ｛写真｝、ギーを少々入れて2をお玉1杯分注ぐ。表面がぷつぷつとしてきたら裏返してもう片面も焼く。

4. 器に盛って、食べやすい大きさに切ったバナナと粗く砕いたくるみをのせる。メープルシロップをかける。

—— 2人分

POINT
フライパンはいったん濡れぶきんの上に置いて冷ますことで、温度が下がって気泡の少ないきれいな生地を焼くことができる。

焼いたバナナはとろりん。甘みも増してスイート
Peanut Butter Banana Toast
ピーナッツバターバナナトースト

米粉パン　2枚
ピーナッツバター（甘さ控えめか無糖タイプ）
　　大さじ4
バナナ　2本
ココナッツオイル　大さじ2
はちみつ　大さじ2
くるみ　6個

1. 米粉パンはフライパンで両面焼いて取り出す。くるみは2〜3分炒ってから粗く砕く。

2. 1のフライパンにココナッツオイルを熱して、輪切りにしたバナナを入れ、焼き色がつくまでサッと焼く。

3. 米粉パンにピーナッツバターを塗って器にのせ、2を並べてくるみを散らし、はちみつをかける。

―― 2人分

Chapter 05 | Baking & Desserts

みんなに作ってほしい、ローラのスペシャリテスイーツ

Grilled Apple in Coconut Oil

りんごのココナッツオイル焼き

りんご　1個
ココナッツオイル　大さじ2
はちみつ　大さじ2
はちみつ漬けナッツ（市販品）　適量
シナモンパウダー　適量

1. りんごは皮をむかず、芯をのぞいて1cm厚さのくし形切りにする。

2. フライパンにココナッツオイルを熱し、りんごを並べて弱火で焼き色がつくまで両面焼く。

3. 2を器に盛り、ナッツを散らし、はちみつをかけてシナモンパウダーをふる。

――― 2人分

おいしいアレンジ

米粉パンのアップルトースト

米粉パンを両面焼き、クリームチーズを塗る。りんごのココナッツオイル焼きをのせ、シナモンパウダーをふる。好みで黒こしょうをふり、ミントの葉をのせる。

ラッピングしてプレゼントするのもいいね
Dried Fruits with Chocolate Sauce
ドライフルーツのチョコレートがけ

A
- ドライフルーツ（マンゴー、パイナップル、バナナなど好みのもの）　適量
- ダークチョコレート　適量

B
- くるみ　30g
- ピーカンナッツ　20g
- ストロベリーチョコレート　120g
- 粗びき黒こしょう　少々

1. ダークチョコレートとストロベリーチョコレートは5mm角程度にきざんで、それぞれをボウルに入れる。
2. 鍋に50℃くらいの湯を沸かし、1のボウルを入れて湯せんでチョコレートを溶かす。
3. ダークチョコレートにはAのドライフルーツをつけ、クッキングシートに間隔を置いて並べる。
4. Bのナッツはフライパンで2〜3分炒り、溶かしたストロベリーチョコレートに加え、黒こしょうをふって混ぜる。
5. 4をスプーンですくってクッキングシートに並べる。3とともに冷蔵庫に入れ、冷やしかためる。

——— 作りやすい分量

トリュフオイルとギーが香るスペシャルなおやつ
Truffled Popcorn
トリュフのポップコーン

- ポップコーンの種　100g
- ギー（P23参照。ココナッツオイルでもよい）　大さじ3
- トリュフオイル　大さじ3
- 塩、こしょう　各少々

1. 大きめの深鍋にギーを入れ、コーン種を均等に平たく散らす。
2. 必ずふたをして、弱めの中火にかける。鍋の中でポンポンとコーンがはじける音がしたら、軽く鍋をゆする。
3. 音が静まってきたら火を止め、熱いうちにトリュフオイルをまわしかけ、塩、こしょうをふり、全体を混ぜる。

——— 作りやすい分量

Chapter 05 | Baking & Desserts

オートミールがザクザクで、食べごたえあり
Flourless Banana Cookies
グルテンフリーのバナナクッキー

A
- オートミール 50g
- 米粉 30g
- パームシュガー（きび砂糖や黒砂糖でもよい） 大さじ1
- ベーキングパウダー 小さじ1
- くるみ（細かく砕く） 10個

バナナ 1本
豆乳 大さじ1
ココナッツオイル 小さじ1

1. ボウルにAを入れて泡立て器で混ぜる。

2. 別のボウルにバナナを入れてフォークでつぶし、豆乳とココナッツオイルを加えて混ぜる。

3. 1に2を加えて全体を混ぜる。直径3cmほどの球状に丸め、クッキングシートを敷いた天パンに間隔を空けて並べる。コップの底などで軽くつぶして平たくし、180℃に熱したオーブンで15分ほど焼く。

——— 作りやすい分量

ナッツがゴロゴロ、かむほどに味が広がる
Rice Flour Nuts Biscotti

米粉のナッツビスコッティ

A
- 米粉　150g
- パームシュガー（きび砂糖や黒砂糖でもよい）　60g
- ベーキングパウダー　小さじ1

卵　1個
ココナッツオイル　大さじ1
豆乳　40〜60㎖

B
- くるみ　30g
- アーモンド　20g
- レーズン　30g

1. ボウルにAを入れて泡立て器で混ぜる。

2. 卵を溶きほぐし、ココナッツオイル、豆乳とともに1に入れて混ぜる。Bのナッツも砕かずに加えてさらに混ぜ、生地を平たいかまぼこ状にまとめる。

3. オーブンを180℃に熱し、クッキングシートを敷いた天パンに2をのせて15分ほど焼く。

4. 3をいったん取り出し、粗熱がとれたら1cm幅に切り分ける[写真]。平たく並べて180℃のオーブンでさらに10分ほど焼く。

——— 作りやすい分量

Rola's Memo
　おいしいから、食べすぎに注意してね♥

Chapter 05 | Baking & Desserts

POINT
ビスコッティは「2度焼いた」という意味のイタリア語。ひと口大に切って再度焼くため、水分がほとんどなくかた焼きに仕上がる。

ヨーグルトとフルーツのシンプルなアイス
Peach and Blueberry Yoghurt Ice Cube

ピーチとブルーベリーのヨーグルトアイスキューブ

桃　1個
ブルーベリー（冷凍でもよい）　50g
プレーンヨーグルト　400g
はちみつ　60g

1. 桃は皮をむき、フォークでつぶしてペーストにする。

2. ブルーベリーはフォークで粗くつぶす。

3. ヨーグルトとはちみつを混ぜ、半量は1と混ぜ、残りは2と混ぜる。それぞれをアイスキューブの型に流し、冷凍庫で2〜3時間冷やしかためる。

——— 2人分

Chapter 05 | Baking & Desserts

豆乳とチアシードを混ぜて冷やすだけで完成

Chia Seed Pudding

チアシードプディング

A ┌ チアシード　大さじ4
　├ 豆乳　180㎖
　└ はちみつ　大さじ1
はちみつ　適量
ブルーベリー、ラズベリー、ミントの葉
　各適宜

1. Aをよく混ぜ合わせ、冷蔵庫で3時間ほど冷やす。

2. 1を器に盛り、あればブルーベリーやラズベリー、ミントの葉をのせ、はちみつをかける。

—— 2人分

Rola's Memo
　前の夜に作っておくと、朝すぐに食べられるからおすすめだよ!!

Rola

16歳でモデルデビュー。

ハーフモデルとして独自のアイデンティティーをもち、

その愛くるしいキャラクターと個性溢れるスタイルで国内外を問わず活躍。

あらゆるファッション誌のカヴァーを飾り、

様々な表情でファンを楽しませている。

最近では米映画製作プロデューサーの目にとまり、

映画「バイオハザードⅥ：ザ・ファイナル」（2017年1月公開）の女戦士役に大抜擢。

ハリウッド映画デビューが決まった。

また、自身のファッションセンスや食に関するセルフプロデュースも男女問わず評価が高く、

食生活アドバイザーの資格も取得している。

オフィシャルウェブサイト

http://rolaofficial.com/

オフィシャルインスタグラム

https://instagram.com/rolaofficial/

オフィシャルブログ

http://ameblo.jp/rolarola/

アートディレクション・デザイン
小橋太郎　Yep

写真
川上輝明　bean
菊地泰久　vale.（P4,P9,P28,P52-53,P89）
Rola（P10）

フードコーディネート
川上ミホ

調理アシスタント
小山沙理

料理スタイリング
岩﨑牧子

衣装スタイリング
大田由香梨　SLEEPING TOKYO

ヘア＆メイク
ANNA.　SHIMA

校閲
勝浦事務所

編集協力
内田いつ子

編集
庄山陽子

Special Thanks
SYNCHRO
加藤 圭

──── P4、9、28、25、53
ストライププリーツドレス ¥46,000／メゾン キツネ
その他／スタイリスト私物

──── P89
ブラウス ¥96,000／カッティーシオマラ
その他／スタイリスト私物

──── カバー、P102
シャツ ¥22,000／メゾン キツネ
その他／スタイリスト私物

〈協力店〉
メゾン キツネ カスタマーセンター：☎ 0120-667-588
シアンPR（カッティーシオマラ）：☎ 03-6662-5525

Rola's Kitchen
54 Healthy and Stylish Recipes

2015年11月30日発行　初版第1刷発行

著　者　ローラ
発行人　ヒロ鈴木
編集人　河口義一
発　行　株式会社シー・エー・ティー
発　売　株式会社エムオン・エンタテインメント
　　　　〒106-8531
　　　　東京都港区六本木3-16-33 青葉六本木ビル
　　　　☎ 03-5549-8742(販売)
　　　　☎ 03-5549-8701(編集)
印　刷　図書印刷株式会社

©C.A.T. Inc. / LIBERA
Printed in Japan
ISBN978-4-7897-3661-9
※無断転載を禁ず。乱丁・落丁本はお取り替え致します。